# Costas
# cambiantes

Por Pamela Jennett

CELEBRATION PRESS
Pearson Learning Group

# Contenido

# Donde se unen la tierra y el agua

Desde el espacio exterior, la Tierra parece ser un pequeño planeta azul. Se ve azul porque está formado principalmente de agua. Algunas de las masas terrestres pueden verse desde el espacio.

El agua cubre la mayor parte de la superficie de la Tierra.

Cada masa terrestre tiene diferente forma. Todas las masas terrestres tienen **costas** donde se unen la tierra con el océano o el mar. A éstas se las llama también línea costera.

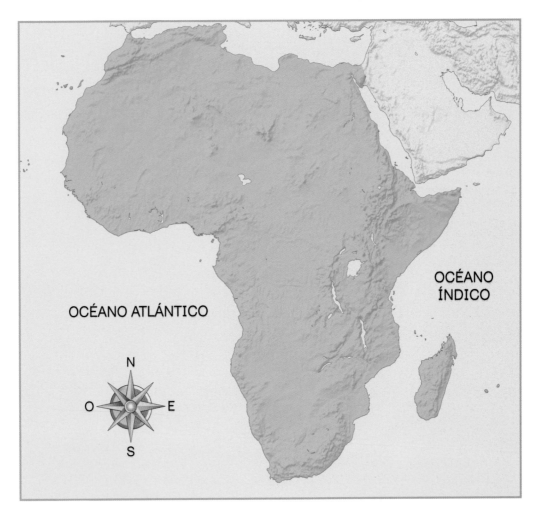

OCÉANO ATLÁNTICO

OCÉANO ÍNDICO

N
O — E
S

¿Reconoces este continente por su forma? Es África.

4

En la mayoría de los continentes hay muchos países. Algunos países tienen costa y otros no.

¿Cuáles dos países de América del Sur no tienen costa?

# Cómo cambian las costas

Al igual que la Tierra, las costas siempre están cambiando. El viento y las olas del océano golpean la tierra. El agua y el viento desgastan la roca. La arena se mueve. Esta acción se llama **erosión**.

El ataque constante de las olas erosiona las rocas.

Algunas veces la erosión hace que con el tiempo se forme una playa arenosa. Esto pasa cuando las olas arrastran piedras, guijarros y otros materiales de la costa. El movimiento de las olas tritura estas cosas. Luego se parten en pedazos pequeños.

Algunas líneas costeras están formadas sólo por arena. Las líneas costeras arenosas siempre están cambiando de forma. La arena puede desplazarse en todas direcciones.

Los dibujos en esta playa muestran cómo la arena se ha desplazado.

lengua
de tierra

A medida que se desplaza la arena, a veces se acumula a lo largo de la costa. Si la arena se conecta con la costa, puede formarse una **lengua de tierra**. Si el viento amontona arena en la costa, puede formarse una **duna**.

una duna

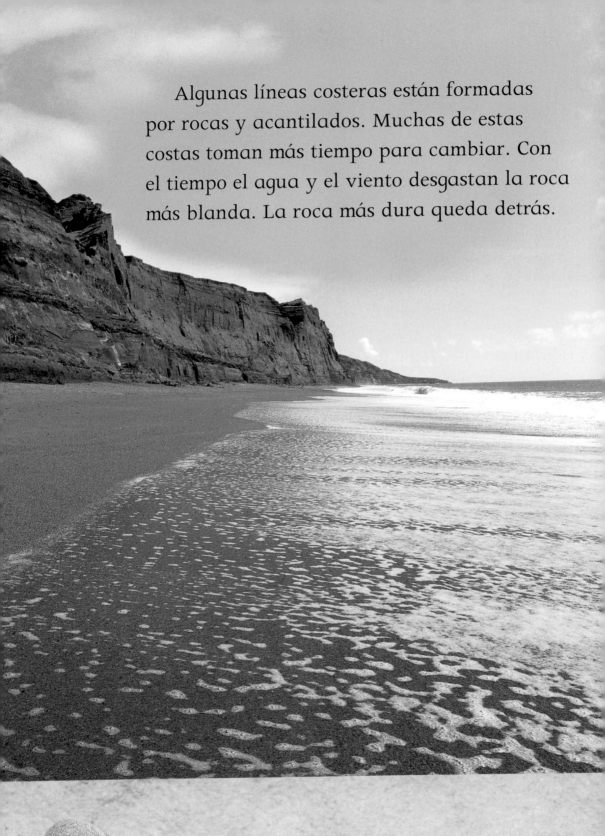

Algunas líneas costeras están formadas por rocas y acantilados. Muchas de estas costas toman más tiempo para cambiar. Con el tiempo el agua y el viento desgastan la roca más blanda. La roca más dura queda detrás.

10

arco

pilar

Las olas violentas pueden cortar la roca y formar cuevas y **arcos**. Después de mucho tiempo, algunos arcos se derrumban y entonces queda un **pilar**.

# Una costa cambiante en Gran Bretaña

La mayoría de los cambios de las costas tardan cientos o miles de años. Sin embargo, a veces el cambio sucede rápidamente. Una costa puede cambiar de la noche a la mañana.

Holderness Coast es la línea costera que más rápidamente se erosiona en Europa.

N

Gran Bretaña

Holderness Coast de Gran Bretaña es una línea costera que siempre está cambiando. La erosión arrastra al mar aproximadamente 6 pies de costa al año. Durante los últimos 2,000 años, la costa ha **retrocedido** casi 1,300 pies.

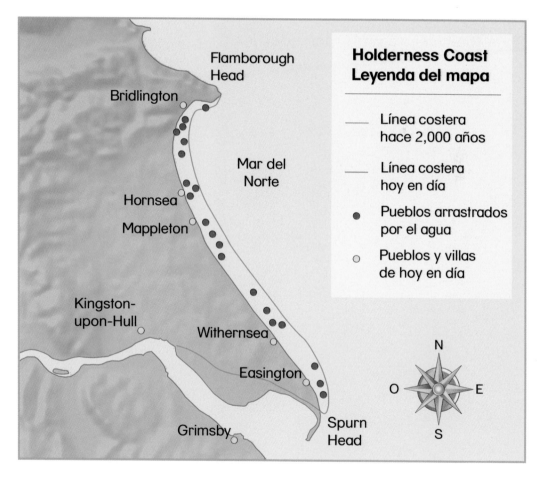

Muchos pueblos a lo largo de Holderness Coast han sido arrastrados al mar.

A lo largo de Holderness Coast, los acantilados están formados por roca blanda. La roca se parte fácilmente y se separa para deslizarse en el agua. Las violentas olas de las tormentas arrastran la roca al mar.

En la roca blanda se forman cuevas.

La gente vive y trabaja en los acantilados sobre la costa. Cuando los acantilados se derrumban, se destruyen las calles. A veces caen al mar casas y otros edificios.

A menudo se ve el cambio en la línea costera.

En una época, la iglesia de Hawthorne estuvo en el borde del acantilado. Los acantilados se derrumbaban continuamente, y la costa continuaba retrocediendo. Ahora, la iglesia está en el fondo del Mar del Norte.

Holderness Coast continúa cambiando cada día. Mientras las olas erosionen la tierra, la línea costera seguirá cambiando. La gente aún vive cerca de la costa. Tratan de proteger sus casas de la erosión constante.

La gente construye murallas para ayudar a proteger el litoral y sus casas.

# La fuerza de las tormentas

Los **huracanes** pueden cambiar las costas rápidamente. A los huracanes también se les llama **ciclones**. Estas tormentas comienzan sobre las aguas cálidas de los océanos tropicales. Cuando un huracán avanza sobre la costa hacia la tierra, puede ser muy peligroso. Las lluvias torrenciales, los vientos fuertes y las olas enormes afectan la tierra.

En 1992 el huracán Andrew asoló Estados Unidos. La tormenta pasó por Florida y a lo largo de la costa del Golfo. Fue uno de los peores huracanes en esa área.

Huracán Andrew

Esta fotografía vía satélite muestra el tamaño del huracán Andrew.

El 26 de agosto de 1992, el huracán Andrew pasó sobre muchas de las islas de la costa de Luisiana. La tormenta azotó las pequeñas islas. El viento, la lluvia y las olas cambiaron las costas de muchas de ellas.

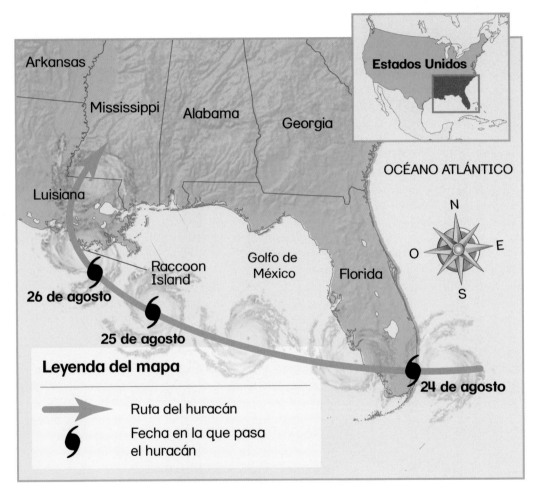

El huracán Andrew pasó del Océano Atlántico al Golfo de México.

Una de las islas afectadas fue Raccoon Island. El huracán arrastró al mar la playa de Raccoon Island. La costa de la isla cambió casi de la noche a la mañana.

**Antes del huracán Andrew**

**Después del huracán Andrew**

# Siempre cambiando

Las líneas costeras de la Tierra están siempre cambiando. Por lo general, los cambios son lentos. A veces, los cambios son rápidos. Estos cambios hacen que cada costa sea diferente.

# Glosario

**arcos**      formaciones curvas que ocupan un espacio abierto

**ciclones**      tormentas tropicales con vientos y lluvias muy fuertes

**costas**      tierra a lo largo de la orilla de las masas de agua

**duna**      un montículo o cresta de arena formado en la costa

**erosión**      el proceso de desgaste por medio del agua o del viento

**huracanes**      grandes tormentas con vientos y lluvias fuertes

**lengua de tierra**      una punta estrecha de tierra que se extiende sobre un cuerpo de agua

**pilar**      parte de la roca que quedó después del derrumbe de un arco

**retrocedió**      se movió hacia atrás o se alejó

# Índice